ALBERT CAMUS

Philosophie für unterwegs, Band 11

Bisher erschienen
Band 1: Epikur. Der Philosoph der Freude
Band 2: Nietzsche. Der Wanderphilosoph
Band 3: Machiavelli. Der Philosoph der Macht
Band 4: Aristoteles. Wegbereiter der Metaphysik
Band 5: Karl Popper. Der kritische Rationalist
Band 6: Francis Bacon. Empirist und Lordkanzler
Band 7: Ludwig Feuerbach. Philosoph des gesunden Menschenverstandes
Band 8: Jesus. Meister des Wortes
Band 9: Hannah Arendt. Erforscherin des Bösen
Band 10: Martha Nussbaum. Philosophin des guten Lebens
Band 11: Albert Camus. Philosoph des Absurden
Band 12: Karl Marx. Philosoph der Verheißung
Band 13: Arthur Schopenhauer. Philosoph des Irrationalen
Band 14: Friedrich Engels. Philosoph der Bewegung
Band 15: Gottfried Wilhelm Leibniz. Begründer der Monadenlehre
Band 16: Sokrates. Philosoph der Selbsterkenntnis
Band 17: Simone Weil. Philosophin der Freiheit
Band 18: Platon. Begründer der Philosophie
Band 19: Konfuzius. Philosoph des rechten Weges
Band 20: Thomas von Aquin. Der Theologe als Philosoph

Florian Russi war Schüler an einem Jesuitenkolleg und studierte Jura, Volkswirtschaft und Philosophie. Nach dem Studium war er als Richter, später als Dozent für Politikwissenschaften und Rechtslehre tätig. Heute leitet er ein größeres Unternehmen der Wohlfahrtspflege. Er veröffentlichte verschiedene belletristische Werke, u. a. im Mitteldeutschen Verlag, und ist Begründer und Herausgeber der Reihe „Philosophie für unterwegs“.

FLORIAN RUSSI

ALBERT CAMUS

Philosoph des Absurden

mitteldeutscher verlag

Die Reihe „Philosophie für unterwegs“ wird herausgegeben von Florian Russi.

Umschlaggestaltung unter Verwendung einer Zeichnung von Lutz Bolldorf.

Bibliografische Information der Deutschen Nationalbibliothek
Die Deutsche Nationalbibliothek registriert diese Publikation in der Deutschen Nationalbibliografie; detaillierte bibliografische Daten sind im Internet über http://dnb.dnb.de abrufbar.

2., durchgesehene Auflage 2024

www.mitteldeutscherverlag.de

Gesamtherstellung: Mitteldeutscher Verlag, Halle (Saale)

ISBN 978-3-96311-610-0

Printed in the EU

Inhalt

Leben und Wirken 7

Existentialist oder nicht? 13
Existentialismus 13
Camus und Sartre 17
Absurdität 20

Begegnungen mit dem Absurden 22
Suizid 22
Caligula 23
Der Mythos des Sisyphos 24
Der Fremde 26
Das Missverständnis 28
Die Pest 29
Der Mensch in der Revolte 31
Der Fall 33

Gedanken zu Fragen der Zeit und darüber hinaus 37
Freiheit 37
Religion 38
Sozialismus 40
Frauen 41
Kunst und Künstler 43

Resümee 45

Siglen, Quellen, Literatur 47

Leben und Wirken

Albert Camus kam am 7. November 1913 auf einem Weingut in Mondovi, das heute Dréan heißt, im damaligen Französisch-Nordafrika, heute Algerien, zur Welt. Sein Vater Lucien hatte dort kurz vorher die Stellung des Kellermeisters angetreten. Dessen Vorfahren stammten aus Frankreich und waren schon in der dritten Generation in Algerien, das 1881 französische Kolonie geworden war, ansässig. Alberts Mutter Catherine Hélène, geb. Sintés entstammte einer spanischen Familie.

Seinen Vater hat Albert nicht bewusst erleben können. Er wurde im Jahr nach seiner Geburt zum Militär eingezogen und zu Beginn des Ersten Weltkriegs in der ersten Marne-Schlacht tödlich verwundet. Alberts Mutter zog daraufhin mit ihm und seinem vier Jahre älteren Bruder zu ihrer eigenen Mutter nach Algier. Dort lebte die Familie in ärmlichen Verhältnissen in einer Drei-Zimmer-Wohnung ohne elektrisches Licht, Heizung und fließendes Wasser. In der engen Behausung wohnte noch ein Bruder Catherines, der tagsüber als Böttcher arbeitete und sprach- und hörgeschädigt war. Alberts Mutter war ebenfalls hörbehindert. Sie verfügte nur über einen geringen Wortschatz, war Analphabetin und lebte in sich gekehrt und verschlossen. Sie zeigte keine Gefühle und hat ihre Kinder nie umarmt oder geküsst. Deren

Erziehung überließ sie der Großmutter, die ein strenges Regiment führte und die Brüder immer wieder mit einem Ochsenziemer schlug. Trotz dieser trostlosen Verhältnisse war Albert ein aufgeschlossenes und vielseitig interessiertes Kind. Er fiel seinem Lehrer in der Grundschule auf, dem es nach einigem Bemühen gelang, die Großmutter davon zu überzeugen, dass Albert die höhere Schule besuchen müsse. Allerdings machte sie, obwohl sie selbst und ihre ganze Familie ungläubig waren, es zur Bedingung, dass er zuvor die erste heilige Kommunion empfing. Sie dachte an seine Karrierechancen und wollte ihn gesellschaftlich integriert wissen.

So wurde Albert Stipendiat an einer höheren Schule. Dort überspielte er seine ärmliche Herkunft, in dem er sich sportlich hervortat. Während seiner Schulzeit konnte er bei einer Schwester seiner Mutter wohnen. Deren Mann war ein wohlhabender Metzger und geistig sehr interessiert. Er besaß eine stattliche Bibliothek, in der sich sein Neffe bedienen konnte. Albert schloss die Schule mit Erfolg ab und studierte anschließend in Algier Philosophie. Danach wollte er Lehrer werden, doch wegen einer Tuberkulose-Erkrankung, die ihm zeit seines Lebens Probleme machte, wurde er nicht in den Schuldienst übernommen. Stattdessen wurde er Redakteur einer in Algier erscheinenden Zeitung. Dort schrieb er über verschiedene Themen, vor allem Gerichtsreportagen und auch sozialkritische Beiträge.

Im Jahr 1934 trat er der Kommunistischen Partei in Algerien bei, war aber schon bald enttäuscht über deren von Moskau aus gesteuerte Politik. Schon 24 Monate nach seinem Beitritt wurde er wegen „Trotzkismus“ aus der Partei ausgeschlossen.

Über einen Freund lernte er dessen Verlobte Simone Hié kennen, eine Tochter aus wohlhabendem Haus. Er spannte sie dem Freund aus und heiratete sie 1934. Simone führte ihn in gehobene gesellschaftliche Kreise ein. Simone war eine sprichwörtliche Femme fatale. Sie lebte auf großem Fuß, war morphiumsüchtig, hatte nebenbei Verhältnisse mit anderen Männern, darunter der Arzt, der ihr die Drogen verschrieb. Nach 26 Monaten Ehe trennten sich die beiden und wurden 1940 geschieden. Zeit seines Lebens blieben sie sich jedoch verbunden. Albert soll Simone immer wieder auch materiell unterstützt haben.

1937 zog er erstmals nach Paris, kehrte aber sieben Monate später nach Algerien zurück, wo er in verschiedenen Berufen arbeitete. Er lernte die aus der algerischen Hafenstadt Oran stammende Mathematik-Studentin und spätere Lehrerin Francine Faure kennen, die er 1940 in Lyon heiratete. Mit ihr vereinbarte er eine „offene Ehe“, was er rege nutzte; so hatte er regelmäßig mehrere Beziehungen zur gleichen Zeit. Die

Ehe hielt dennoch bis zu Alberts Tod. Allerdings litt Francine sehr unter seinen Eskapaden, wurde depressiv und musste psychotherapeutisch behandelt werden. 1945 bekam das Paar die Zwillinge Jean und Catherine.

Mit 24 Jahren begann Camus, seinen ersten Roman zu schreiben: „Der glückliche Tod". Er hat ihn nicht vollendet und nie selbst veröffentlicht. Vielmehr war er sich unsicher, ob er mehr sei als ein „mittelmäßiger Schriftsteller" (Rad, S. 72).

Das Bedürfnis zu schreiben, sei es als Buchautor oder Journalist, ließ ihn aber nicht los. 1938 begann er, das Drama „Caligula" zu schreiben, und 1942 veröffentlichte er den Essay „Sisyphos" sowie den Roman „Der Fremde" und fand damit große Beachtung. Jean-Paul Sartre bezeichnete den „Fremden" als Schlüsselwerk des Existentialismus. Mit seinen weiteren Romanen, Essays und Dramen wurde Camus zu einem der bedeutendsten und meistgelesenen französischen Autoren. 1957 erhielt er den Literaturnobelpreis.

1940 war Camus wieder nach Paris gezogen, wo ihm sein Freund Pascal Pia eine Stelle als Reporter bei der auflagenstarken Zeitung „Paris-Soir" vermittelt hatte. Wenig später besetzten deutsche Truppen Paris und ließen keinen freien Journalismus mehr zu. Camus wurde Mitarbeiter und später Chefredakteur der 1941 gegründeten Zeitung „Combat" (Kampf), dem wichtigsten Organ der französischen Widerstandsbewegung (Résistance) gegen die deutsche Besatzung im Zweiten Weltkrieg. Für dieses Blatt schrieben bedeutende Intellektuelle, u. a. Jean-Paul Sartre und der einflussreiche spätere Kultusminister André Malraux. Mit beiden pflegte Camus auch persönliche Kontakte.

Malraux kann als Frühexistentialist bezeichnet werden, und Sartre war der führende Kopf der philosophischen Richtung des Existentialismus. Er hatte unter französischen wie ausländischen Intellektuellen viele Anhänger. Bald wurde auch Camus zu den wichtigsten Existentialisten gerechnet, obwohl er sich selbst nicht als solchen gesehen hat. Gegen Ende der 1940er Jahre kam es zum Zerwürfnis mit Sartre. Das lag auch an ihren unterschiedlichen Lebensführungen. Während Sartre und seine Lebensgefährtin Simone de Beauvoir die Pariser Caféhauskultur und die öffentlichen Auftritte liebten, war Camus sehr von seiner Herkunft bestimmt. Auf die Frage, was ihn in seinem Leben am meisten geprägt habe, antwortete er einmal: „Die Sonne und die Armut." Er liebte das Mittelmeer und das einfache Leben.

Mit seinen Publikationen war er so erfolgreich, dass er sich 1958 in dem idyllischen Dorf Lourmarin in der Provence ein Haus kaufen konnte und dort mit seiner Familie einzog. Das gewonnene Glück währte allerdings nur kurz. Im Januar 1960 kam Albert Camus auf dem

Weg von Lourmarin nach Paris in der Nähe des Ortes Villeblevin bei einem Autounfall ums Leben. Er hatte sich eine Eisenbahnkarte gekauft, sich dann aber von einem Neffen seines Verlegers Gallimard überreden lassen, in dessen Auto mitzufahren. Unterwegs platzte ein Reifen, und der Wagen schleuderte gegen einen Baum. Camus war sofort tot. Michel Gallimard starb zehn Tage später in einem Krankenhaus. Seine Frau und seine Tochter blieben auf den Rücksitzen unverletzt. Im Gepäck von Camus fand sich das Manuskript zu seinem autobiografischen Roman „Der erste Mensch“.

Existentialist oder nicht?

Existentialismus

Camus wird zusammen mit Jean-Paul Sartre (1905–1980) und Simone de Beauvoir (1908–1986) als Hauptvertreter der philosophischen Richtung des Existentialismus angesehen. Der Existentialismus hatte vor allem in der Mitte und zweiten Hälfte des 20. Jahrhunderts viele Anhänger. Neben seiner geistigen Ausrichtung diente er vielen auch als Grundlage eines freien Lebensgefühls und als Leitlinie für kulturelle Aktivitäten. Vordenker war unbestritten Jean-Paul Sartre, der mit seinen Werken „Das Sein und das Nichts“ (1943) und „Ist der Existentialismus ein Humanismus?“ (1945) die Grundlagen für diese Philosophie gelegt hatte. Eine Ikone des Existentialismus war die Sängerin und Schauspielerin Juliette Gréco (1927–2020), für die sowohl Sartre als auch Camus Texte schrieben. Seinen Mittelpunkt hatte der Existentialismus in Frankreich; sein Einfluss reichte aber weit über die Grenzen des Landes hinaus.

Kernthese und Namensgeber des Existentialismus war der Satz „Die Existenz steht vor der Essenz“, also das Dasein vor dem Sosein, oder, auf das menschliche Leben bezogen: das nackte Leben vor der Persönlichkeit. Mit dieser These wandten sich die Existentialisten gegen Geistesrichtungen, Weltanschauungen oder Religionen, die dem menschlichen Sein eine Vorbestimmtheit, ein vorgegebenes Ziel oder einen bestimmten Sinn geben wollten.

Für die nichtchristlichen Existentialisten, angeführt von Sartre, gab es keinen Gott oder Urheber allen Seins, sondern nur eine ungeplante und unkoordinierte Entwicklung aus dem Nichts heraus. Der Mensch ist in die Welt geworfen. Sein Leben ist ohne Sinn. Sein Dasein ist sich selbst überlassen. Es ist ungeplant, unsinnig, zufällig. Nachdem der Mensch aber nun einmal existiert, ist es sein Bedürfnis, seinem Leben selbst einen subjektiven Sinn zu geben. Der Weg eines Menschen führt also von der puren Existenz zur selbst entwickelten Essenz. Der Mensch ist, was er aus sich macht. Damit er etwas aus sich machen kann, braucht er Freiheit.

Freiheit des Menschen bedeutet, dass er die Eigenschaften beherrscht, die er von Natur aus in sich hat. Zu diesen Eigenschaften gehören Angst, Scham, Ekel, Langeweile, Geschlechtstrieb, Krankheit, Tod. Diese Eigenheiten fordern den Menschen heraus. Es gilt, sie sich bewusst zu machen und mit ihnen umzugehen. Das Leben eines selbstbewussten Menschen wird geprägt durch die Auseinandersetzung mit der Sinnlosigkeit des Daseins und den ihm innewohnenden Eigenschaften. Als „Homo sapiens" ist der Mensch das einzige Lebewesen, das sich sein Dasein bewusst machen und in einem bestimmten Rahmen auch steuern kann. Das ist die Herausforderung, der er sich in seinem Leben stellen muss.

Die Geworfenheit des Menschen in eine unkontrollierte Welt, die fehlende Sinnhaftigkeit des Daseins, der Umgang mit vorhandenen Eigenschaften und Gegebenheiten und die von äußeren Maximen und Dogmen losgelöste natürliche Freiheit bildeten die zentralen Themen des Existentialismus.

Sein Entstehen lässt sich sehr gut aus seiner Zeit erklären. Das Europa nach dem Ersten Weltkrieg war voller widersprüchlicher politischer, gesellschaftlicher und geistiger Bewegungen und Entwicklungen: Kommunismus, Nationalismus, Konservatismus, Liberalismus, Sozialismus, Katholizismus, Protestantismus, Imperialismus, Faschismus, Nationalsozialismus, Rassismus, um nur einige zu nennen, standen in Konkurrenz zueinander, bekämpften sich und widersprachen sich von Grund auf. Das musste die Menschen verunsichern und an einer rationalen und sinnorientierten Welt zweifeln lassen. In Frankreich kam noch hinzu, dass das Land während des Zweiten Weltkriegs unter die Herrschaft des nationalsozialistischen Deutschen Reichs fiel und die Franzosen mit einer Ideologie konfrontiert wurden, die sie brutal unterdrückte und den meisten von ihnen als völlig absurd erscheinen musste. In solch einer

Zeit suchten viele nach Orientierung und sei es nach der, dass die gewohnte Ordnung ihre Grundlagen verloren habe und das Dasein absolut widersinnig sei.

Wohl nicht zufällig wirkte zur damaligen Zeit in Frankreich der französisch-rumänische Schriftsteller Eugène Ionesco (1909–1994), dessen Schauspiele wie „Die kahle Sängerin" (UA 1950) oder „Die Nashörner" (UA 1959) den Unsinn und die Absurdität auf eine Spitze treiben. Er gehörte zu den erfolgreichsten Autoren seiner Zeit.

Die Vorstellung von der Unbestimmtheit allen Seins und der existentiellen Freiheit und Selbstbestimmung wirkte auf viele Menschen wie ein geistiger Befreiungsschlag und als Ansporn, die eigenen Grenzen zu testen.

So wie die Existentialisten vertrat Camus die These von der Sinnlosigkeit des Seins und das Postulat der persönlichen Freiheit. Seine Vorstellung von der Absurdität ging sogar noch darüber hinaus und verschärfte den Begriff der Sinnlosigkeit. Dennoch sah Camus sich selbst nicht als Existentialist. In seinem Tagebuch notierte er:

> „Zwei gewöhnliche Irrtümer: die Existenz geht der Essenz voraus oder die Essenz der Existenz. Sie gehen und erheben sich beide im gleichen Schritt." (Tgb)

Auch die Platoniker, Stoiker, Idealisten oder Positivisten haben nicht in allem übereingestimmt. Es ist daher nicht illegitim, Camus auch unter die Existentialisten zu reihen.

Camus und Sartre

Vordenker der existentialistischen Philosophie war Jean-Paul Sartre, den Camus 1949 bei einer Generalprobe zu dessen Schauspiel „Die Fliegen" kennenlernte. Sartre bot ihm eine Zusammenarbeit an. Sie trafen sich öfter, besprachen sich, rezensierten gegenseitig ihre Werke, verfassten Beiträge für die von ihnen verantworteten Zeitungen (Camus: „Le Combat", Sartre: „Les Temps modernes") und diskutierten und stritten sich mit anderen.

Sie hatten vieles gemeinsam, waren beide vaterlos aufgewachsen und sehr von ihren Müttern geprägt. Wie Albert Camus mit seiner zweiten Frau, so hatten auch Sartre und Simone de Beauvoir eine offene Beziehung vereinbart. Es heißt, dass sie sich gegenseitig Gespielen und Gespielinnen zugeführt hätten. Camus und de Beauvoir hatten ebenfalls eine Beziehung.

Sowohl Camus als auch Sartre glaubten an die große Kraft geschriebener Worte. Trotzdem waren beide sehr unterschiedliche Charaktere und lagen auch in ihren politischen Vorstellungen auseinander. Sartre war der Prototyp eines selbstbewussten Linksintellektuellen, ein Bohemien und Salonlöwe. Camus lebte bescheiden und mochte keine großen Auftritte. Er schwärmte vom „mediterranen Menschen“, der ein einfaches Leben führte.

Sartre bekämpfte alles, was er unter Bourgeoisie verstand. Dabei war ihm fast jedes Bündnis recht. Zwar war er nie Mitglied einer kommunistischen Partei, doch zeigte er offen Sympathien für linke Bewegungen und Systeme. Das war insofern widersprüchlich, als die marxistische Lehre vom Historischen Materialismus fundamental der existentialistischen von der Zufälligkeit allen Seins entgegenstand. 1952, noch zur Regierungszeit Stalins, war Sartre in die Sowjetunion gereist und hatte dort alles in Ordnung gefunden.

Camus dagegen wandte sich vor allem in seiner Essaysammlung „Der Mensch in der Revolte“ gegen rechte und linke Systeme und verteidigte Freiheitsrechte, Demokratie und Rechtsstaatlichkeit. Er kritisierte den realen Sozialismus und die in diesem System begangenen Verbrechen. Für Sartre war das eine falsche Position. Er schrieb:

> „Ja, Camus, ich finde genau wie Sie die Lager [die Gefangenenlager in der Sowjetunion, F. R.] unzulässig: Aber genauso unzulässig finde ich den Gebrauch, den die sogenannte ‚bürgerliche Presse‘ von ihnen macht.“ (Rad, S. 257)

Sartre begegnete Camus zunehmend mit Verachtung und verstieg sich dazu, ihn als „algerischen Gassenjungen“ abzuqualifizieren (ebd., Vorspann). Er sprach ihm die philosophische Kompetenz und ein gutes Denkvermögen ab (ebd., S. 256) und schrieb:

> „Ihre Persönlichkeit, die wirklich und lebendig war, solange sie sich von den Zeitläufen ernährte, ist nur noch eine Fata Morgana, 1944 war sie die Zukunft, 1952 ist sie die Vergangenheit.“ (ebd., S. 257)

1957 erhielt Camus den Nobelpreis für Literatur. Das muss Sartre sehr verstimmt haben, sah er doch sich als den Erfinder und wichtigsten Denker des Existentialismus an. Doch der Preis wurde für Literatur und nicht für Philosophie verliehen. Im Jahr 1964 wurde schließlich auch Sartre damit ausgezeichnet, doch er lehnte ihn ab. Es ist nicht auszuschließen, dass er sich gekränkt fühlte, weil Camus vor ihm damit geehrt worden war. Ein Gerücht besagt, dass er Jahre später nachgefragt habe, ob er das Preisgeld bekommen könne. Das sei vom Nobelpreiskomitee jedoch abschlägig beschieden worden.

Heute, so scheint es, ist Camus unter den geistig Schaffenden höher geachtet als der zu seinen Lebzeiten von vielen wie ein Heiliger verehrte Sartre.

Absurdität

Hauptthema Camus' ist die Absurdität des menschlichen Lebens. Nach den Vorstellungen der Existentialisten ist der Mensch in ein Dasein gestellt oder geworfen, das keinen bestimmten Sinn hat. Es ist also sinnlos.

Absurdität aber ist mehr als Sinnlosigkeit. Das lateinische Wort „absurdus" bedeutet misstönend, ungereimt oder ungeschickt. In der heutigen Sprache wird es im Sinn von widersinnig, widersprüchlich, irrwitzig, grotesk, abstrus oder der Vernunft bzw. Logik widersprechend verwendet. Damit sich etwas widersprechen kann, muss es aber mindestens zwei unterschiedliche Positionen geben. Dies können sein die realen Lebensumstände und auch Erfahrungen, Glaubensinhalte, Wertvorstellungen, Ideen wie bei Platon, Ideologien wie bei Marx, drei Welten wie bei Popper oder auch reine Wunschvorstellungen und Hoffnungen. Oft treten sie im Spannungsverhältnis zwischen Wunsch und Wirklichkeit auf. Camus schreibt dazu:

> „Für ihn [den absurden Geist, F. R] ist die Welt weder so rational noch dermaßen irrational. Sie ist unvernünftig, nichts weiter." (PhS, S. 62)

Zur Absurdität vermerkt er:

> „Es ist jene Entzweiung zwischen dem begehrenden Geist und der enttäuschenden Welt, es ist meine Sehnsucht nach der Einheit, dieses zersplitterte Universum und der Widerspruch, der beide verbindet." (ebd., S. 62 f.)

Es ist der Widerspruch zwischen dem, was ich mir wünsche oder erhoffe, und dem, wie es in der Realität ist. So gesehen entspricht die Absurdität einer menschlichen Grunderfahrung. Wie aber ein Mensch der Absurdität begegnen kann, hat Camus vor allem in seinen literarischen Werken, seinen Essays, Romanen und Dramen, zum Ausdruck gebracht:

Begegnungen mit dem Absurden

Suizid

Wenn der Tod das einzig Sichere im Leben ist und alles andere darin ohne Sinn und voller Absurditäten, dann stellt sich die Frage, ob nicht der Selbstmord die naheliegende Konsequenz ist. Das jedenfalls ist die Frage, die Albert Camus sich stellte. Er schreibt:

> „Es gibt nur ein wirklich ernstes philosophisches Problem: den Selbstmord. Sich entscheiden, ob das Leben es wert ist, gelebt zu werden oder nicht, heißt auf die Grundfrage der Philosophie zu antworten." (Sm, S. 15)

Und ergänzend führt er aus: „Sich umbringen heißt […], dass man mit dem Leben nicht fertig wird oder es nicht versteht. Es handelt sich […] um das Geständnis, es sei ‚es nicht wert'" (ebd., S. 17).

Camus plädiert jedoch an keiner Stelle seiner Schriften für diesen Schritt, sondern zeigt im Gegenteil mehrere Wege auf, wie der „absurde Mensch" sein Leben anpacken und gestalten oder erträglich machen kann. Das tut er besonders deutlich in seinem Essay über den griechischen Sagenhelden Sisyphos sowie in seinen Romanen und Dramen, die folgend kurz vorgestellt werden.

Caligula

In die Kerbe des Absurden haut das Schauspiel „Caligula“, das Camus von 1938 bis 1939 verfasste und das 1945 erstmals aufgeführt wurde. Hauptfigur ist der römische Kaiser (37–41) Caligula. Dieser herrschte nahezu unbeschränkt. Doch das langweilt ihn. „Ich habe keine Ideen“, sagt er von sich selbst (Cal, 3. Akt, 2. Szene).

Die römische Staatsräson stellt ihn auf die Stufe eines Gottes. Doch Caligula meint:

> „Ich habe diesen illusorischen Göttern bewiesen, dass ein Mensch, wenn er nur will, ihren lächerlichen Beruf ohne Lehre ausüben kann.“ (ebd.)

Er nutzt die Macht, die er als Kaiser hat, verfügt willkürlich über seinen Hofstaat, erpresst seine Untertanen und lässt ungehemmt Menschen umbringen. „Seltsam, es sind immer weniger Leute um mich“, muss er deshalb feststellen (ebd., 3. Akt, 5. Szene).

Weil ihm dies alles nicht genügt, strebt er nach Unmöglichem:

> „Die Welt ist so, wie sie gemacht ist, nicht zu ertragen. Darum brauche ich den Mond oder das Glück oder die Unsterblichkeit, etwas was unsinnig sein mag, was aber nicht von dieser Welt ist.“ (ebd., 1. Akt, 4. Szene)

Seine Höflinge ertragen ihn und behaupten teilweise sogar, ihn zu lieben. Sie sehen in ihrem Leben genauso wenig Sinn, wie es der Kaiser tut. Nur einer von ihnen meint:

> „Aber zu sehen, wie der Sinn des Lebens sich auflöst, wie unser Seinsgrund verschwindet, das ist unerträglich. Man kann nicht ohne Grund leben." (ebd., 2. Akt, 2. Szene)

Er will daher etwas ändern und bereitet eine Verschwörung gegen Caligula vor. Der wird gewarnt, doch nimmt er die Sache nicht ernst. Schließlich wird der Kaiser erdolcht und lacht dabei.

Der Mythos des Sisyphos

In seiner Erzählung „Der Mythos des Sisyphos" legt Camus erstmals seine Vorstellung der Absurdität dar. Das Leben des Menschen ist ohne höheren Sinn.

„Das Schicksal ist eine menschliche Angelegenheit, die unter Menschen geregelt werden muss" (Sis, S. 144), formuliert er und verdeutlicht dies am Beispiel des griechischen Sagenhelden Sisyphos. Der hatte sich gegen die Götter aufgelehnt und wurde von ihnen dazu verurteilt, ununterbrochen die gleiche sinnlose Arbeit zu tun, nämlich einen Felsen auf eine Anhöhe hinaufzuhieven. Kurz vor dem Ziel entglitt ihm der Fels und stürzte wieder zurück ins Tal. Sisyphos musste sich wieder zurückbegeben und seine Anstrengung aufs Neue wiederholen, immer mit demselben Ergebnis. Der Stein gelangte nie bis zu seinem Ziel.

Mit diesem Mythos vergleicht Camus das Leben eines jeden Menschen. All sein Tun und Streben ist absurd. Er muss sich damit abfinden und dagegen behaupten:

> „Wenn es ein persönliches Geschick gibt, dann gibt es kein übergeordnetes Schicksal oder zumindest nur eines, das er unheilvoll und verachtenswert findet. Darüber hinaus weiß er sich als Herr seiner Tage“ (ebd., S. 143).

„Es gibt kein Schicksal, das durch Verachtung nicht überwunden werden kann“ (ebd.), sagt Camus.

Sisyphos meistert die Absurdität allerdings nicht nur durch Verachtung, sondern indem er sich mit seinem Tun anfreundet und Gefallen daran findet. „Er ist stärker als sein Fels“ (ebd.). So kommt Camus schließlich zu dem Ergebnis:

> „Der Kampf gegen Gipfel vermag ein Menschenherz auszufüllen. Wir müssen uns Sisyphos als einen glücklichen Menschen vorstellen.“ (ebd., S. 145)

Der Fremde

Mit seinem 1942 veröffentlichten Roman „Der Fremde“ wurde Camus international als Literat bekannt. Das Werk gilt als eine der wichtigsten Schriften des Existentialismus und wurde von der „Zeit“ und „Le Monde“ unter die 100 wichtigsten Bücher überhaupt eingeordnet.

Es ist die selbst erzählte Geschichte eines Mannes, der den für ihn sinnlosen Umständen seines Lebens begegnet, indem er sie zwar dokumentarisch wahrnimmt, ihnen gegenüber aber fremd und innerlich unbeteiligt bleibt. Der Roman handelt in Algerien, das zu dieser Zeit noch unter französischer Vorherrschaft stand. Protagonist ist ein junger Franzose mit Namen Meursault. Die Handlung beginnt mit der Beerdigung seiner kurz zuvor in einem Pflegeheim verstorbenen Mutter. Der Ich-Erzähler berichtet darüber detailliert, aber ungerührt und mit einer Distanziertheit, die keine Gefühlsregung zulässt.

So schildert er auch sein berufliches und gesellschaftliches Leben. Es ist, wie es ist. Er nimmt es hin und gewinnt ihm sogar die eine oder andere kleine Annehmlichkeit ab. Er hat eine Geliebte oder, besser gesagt, eine Frau, mit der er schläft, aber so etwas wie Liebe kommt in seinem Leben nicht vor. Als sie ihn fragt, ob er sie heiraten würde, erwidert er ihr:

> „Ich habe gesagt, das wäre mir egal und wir könnten es tun, wenn sie es wollte. Sie hat dann wissen wollen, ob ich sie liebte. Ich habe geantwortet, [...] dass das nichts heißen wollte, dass ich sie aber zweifellos nicht liebte. ‚Warum willst du mich dann heiraten?', hat sie gesagt. Ich habe ihr erklärt, dass das völlig belanglos wäre." (Fr, S. 57)

Als sein Chef ihm anbietet, nach Paris zu ziehen und dort eine attraktive Position in dessen Firma zu übernehmen, antwortet er, dass ihm dies egal wäre (ebd., S. 56).

Meursault empfindet trotz allem keine Unlust an seinem Leben. Von seiner Mutter hat er die Devise übernommen, „dass man sich am Ende an alles gewöhnt" (ebd., S. 100). Später stellt er fest, dass zwischen etwas Lächerlichem und einem Verbrechen kein großer Unterschied besteht (ebd., S. 109).

Ohne selbst unmittelbar bedroht zu sein, erschießt er einen Mann, der zuvor einen seiner Bekannten attackiert und verletzt hatte. Obwohl schon der erste Schuss tödlich ist, feuert er noch vier weitere Male auf sein Opfer. Er kommt in eine lange Untersuchungshaft, die er ähnlich ungerührt schildert wie sein Leben zuvor. So tut er auch wenig dafür, Entschuldigungs- oder Milderungsgründe für seine Tat vorzubringen. Er weiß, dass ihm die Todesstrafe droht, doch er sagt:

> „Im Grunde wusste ich wohl, dass es wenig ausmacht, ob man mit dreißig oder mit siebzig stirbt […]. Wenn man stirbt, ist es egal wie und wann, das war klar." (ebd., S. 148 f.)

Der Staatsanwalt, der die Anklage gegen ihn vorträgt, meint über ihn: „Nicht ein einziges Mal im Laufe der Ermittlung schien dieser Mann von seiner abscheulichen Missetat berührt" (ebd., S. 131).

Meursault dagegen öffnet sich „der zärtlichen Gleichgültigkeit der Welt" und er fühlt, „dass ich glücklich gewesen war und dass ich es noch war" (ebd., S. 159). Für den Tag seiner Hinrichtung wünscht er sich „viele Zuschauer […] und dass sie mich mit Schreien des Hasses empfangen" (ebd.).

Das Missverständnis

Camus' Drama „Das Missverständnis", das er 1943 schrieb und das ein Jahr später uraufgeführt wurde, handelt von zwei Frauen, Mutter und Tochter, die einen abgelegenen Gasthof betreiben und dort vermögende Gäste umbringen und ausrauben. Eines Tages kehrt ein Mann bei ihnen ein. Er ist ihr lange vermisster Sohn beziehungsweise Bruder, der sich aber nicht gleich zu erkennen geben will. Erst nachdem sie auch ihn umgebracht haben, stellt sich heraus, wer der Getötete war.

Hier liegt die Absurdität darin, dass eine Herberge, die eine Stätte der Sicherheit und Geborgenheit sein sollte, für Verbrechen missbraucht wird. Das Morden widerspricht zudem den christlichen Geboten. Doch als die Ehefrau des Ermordeten am Schluss des Dramas Gott um Hilfe anruft, geht der Ruf ins Leere, und nur der Hausdiener antwortet an Stelle Gottes mit einem zynischen: „Nein!“

Soweit eine Lehre aus dem Drama gezogen werden kann, ist es die, dass man mit Offenheit und Ehrlichkeit manches Missverständnis vermeiden kann.

Die Pest

Der Roman „Die Pest“ von 1947 gehört zu Camus’ erfolgreichsten Schriften. Auch er handelt von absurden Geschehnissen, denen Menschen ausgeliefert sind. Diesmal aber begegnen sie ihnen nicht, indem sie sich selbst absurd verhalten, sondern indem sie das ihnen Mögliche tun, um eine ihnen bis dahin unbekannte Epidemie zu überstehen.

Der Roman handelt in der algerischen Hafenstadt Oran. Camus datiert die Handlung auf „194…“, also die Zeit, in der der Zweite Weltkrieg tobte und Algerien und Frankreich vom „Dritten Reich“ besetzt beziehungsweise dominiert waren.

Als Leitgedanken hat er seinem Buch ein Zitat von Daniel Defoe, dem Autor von „Robinson Crusoe“, vorangestellt:

> „Es ist ebenso vernünftig, eine Art Gefangenschaft durch eine andere darzustellen, wie irgendetwas, was wirklich existiert, durch etwas, was nicht existiert.“ (Pest)

Die Vorgänge sind fiktiv. Die Pest versinnbildlicht das Böse und insbesondere den Krieg. Camus schreibt:

> „Es hat auf der Welt genau so viele Pandemien gegeben wie Kriege. Und doch treffen Pest und Krieg die Menschen immer unvorbereitet.“ (ebd., S. 46)

Camus verfasste den Roman zwischen 1942 und 1947, und er hat mehrere eigene Erlebnisse darin verarbeitet, so seine Tuberkulose-Krankheit und die dadurch verursachte lange Trennung von seiner Frau, eine von ihm erlebte Schreibblockade sowie das Verhältnis zu seiner Mutter.

Die Pest trifft die Menschen in Oran unvorbereitet. Anfangs verkennen sie die Gefahr, dann begegnen sie ihr sehr unterschiedlich. Jeder versucht auf seine eigene Art, der Krankheit zu entkommen oder sie zu bekämpfen. Erstaunlich ist dabei die relative Gelassenheit der Beteiligten. Es entsteht keine Panik. Die Pandemie wird als ein vorübergehendes Los gesehen.

Hauptfigur des Romans ist der Arzt Dr. Bernard Rieux. Er ist der Krankheit gegenüber weitgehend machtlos, doch er tut, was er kann, achtet auf Hygiene, diagnostiziert, berät, schneidet Eiterbeulen auf und versucht zu heilen.

Sein Gegenspieler ist der Jesuitenpater Paneloux. Er sieht in der Pest eine Strafe Gottes als Antwort auf das sündige Leben der Menschen. Er fordert zum Gebet und zum Sühneopfer auf. Schließlich wird auch er von der Krankheit hinweggerafft.

Rieux ist Atheist. Er begegnet der Pandemie mit Menschlichkeit und Solidarität und kommt schließlich zu der Erkenntnis, dass „man in Plagen lernt, [...] dass es an den Menschen mehr zu bewundern als zu verachten gibt“ (ebd., S. 350).

In „Die Pest“ zeigt Camus, dass man der Absurdität auch durch Humanität entgegentreten kann.

Der Mensch in der Revolte

In mehreren Essays hat Camus eine weitere Form des Umgangs mit der Absurdität aufgezeigt: Er nennt sie „Revolte“. Es ist die Auflehnung gegen scheinbare Unbedingtheiten des Lebens. Er schreibt: „Was ist der Mensch in der Revolte? Ein Mensch, der nein sagt“ (Rev, S. 27).

Der revoltierende Mensch wendet sich gegen sein Schicksal und kämpft für seine Freiheit: „Lieber aufrecht stehen als auf den Knien leben“ (ebd., S. 29).

Die Revolte schafft und schärft Bewusstsein. Camus vergleicht sie mit dem „Cogito, ergo sum“ (Ich denke [kritisch], also bin ich) von René Descartes (1596–1650) und erklärt: „Ich empöre mich, also sind wir“ (ebd., S. 39).

Er stellt die Revolte zudem auf den Boden der Metaphysik und macht sie zu einer Grundfrage der Philosophie:

> „Die metaphysische Revolte ist die Bewegung, mit der ein Mensch sich gegen seine Lebensbedingungen und die ganze Schöpfung auflehnt [...;] der metaphysisch Revoltierende erklärt sich von der Schöpfung betrogen.“ (ebd., S. 43)

Camus beschreibt Beispiele von Revolten, ausgelöst von Romanfiguren, Künstlern, Politikern, Schriftstellern oder Philosophen, ohne sie im Einzelnen moralisch oder ethisch zu bewerten. Schließlich konstatiert er: „Die Revolte, der jahrhundertealte Wille, sich nicht zu beugen [...] steht heute noch am Beginn [...]“ (ebd., S. 394). Und er ergänzt:

> „Diejenigen schließlich führen die Geschichte voran, die im gegebenen Moment sich auch gegen sie aufzulehnen wissen.“ (ebd., S. 397)

Der Fall

Einen weiteren Weg des Umgangs mit der Absurdität schildert Camus in seinem 1956 erschienenen Roman „Der Fall“. Es ist die Selbstdarstellung eines Mannes namens Jean-Baptiste Clamence, der sein Leben völlig eigensinnig gestaltet. Er sagt von sich:

> „Wer keinen Charakter hat, muss sich wohl oder übel eine Methode zulegen.“ (Fall, S. 12)

Clamences Methode ist der unbeschränkte Egoismus. Er lebt zunächst als erfolgreicher Anwalt in Paris, dann als selbst ernannter „Bußrichter“ in Amsterdam. Dort ist eine Hafenkneipe sein Lebensmittelpunkt, und hier trifft er auch seinen Gesprächspartner, dem er aus seinem Leben berichtet. Es ist ein reiner Monolog. Sein Gegenüber kommt an keiner Stelle zu Wort.

In Paris, so erzählt Clamence, hätte er in seinem Beruf ein hohes Ansehen gewonnen. Er habe dort den Ruf eines Wohltäters. Er hätte Witwen und Waisen verteidigt und von armen Mandanten kein Geld genommen. Zudem habe er Almosen gespendet und immer, wenn sich die Möglichkeit ergab, Blinde über die Straßen geführt. Was ihn dazu veranlasste, war jedoch nicht Nächstenliebe, sondern Geltungsbedürfnis und Eigenliebe. Er sagt:

> „Ich muss demütig eingestehen, [...] dass ich schon immer vor Eitelkeit beinahe platzte. Ich, ich und nochmals ich... So oft ich den Mund auftat, sang ich mein eignes Lob [...]." (ebd., S. 42)

Der Umgang mit Frauen ist bei Clamence ebenfalls von reiner Selbstsucht gezeichnet. Er trägt vor:

> „Ich liebte die Frauen, wie man zu sagen pflegt, das heißt, dass ich keine je geliebt habe [...]. Ich habe im Leben zumindest eine große Liebe gekannt und ihr Gegenstand war jederzeit ich." (ebd., S. 49)

Eine gewisse Heiterkeit rief bei den Lesern des Romans folgende Äußerung von Clamence hervor:

> „Natürlich hatte ich Prinzipien, so zum Beispiel, dass die Frau eines Freundes tabu sei. Indessen hörte ich einfach in aller Aufrichtigkeit ein paar Tage vorher auf, für den jeweiligen Ehemann Freundschaft zu empfinden." (ebd., S. 50)

Schließlich fasst er zusammen:

> „Kurzum, damit ich glücklich sein konnte, durften die von mir erwählten Geschöpfe kein Leben besitzen. Sie sollten ihr Leben nur von Zeit zu Zeit nach meinem Belieben von mir empfangen." (ebd., S. 57)

Dann berichtet er von einem Vorfall, der auch eine Egomanen wie ihn nicht in Ruhe ließ. Er ereignete sich in Paris, als der Erzähler nachts über eine Seine-Brücke ging. Dabei sah er eine junge Frau, die sich über das Brückengeländer beugte und in den Fluss schaute. Er zögerte kurz, dann ging er vorbei. Danach, so führt er aus, geschah Folgendes:

> „Ich hatte schon etwa fünfzig Meter zurückgelegt, als ich das Aufklatschen eines Körpers auf dem Wasser hörte […]. Ich blieb jäh stehen, wandte mich jedoch nicht um. Beinahe gleichzeitig vernahm ich einen mehrfach wiederholten Schrei, der flussabwärts trieb und dann plötzlich verstummte […]. Ich habe vergessen, was ich in jenem Augenblick dachte. ‚Zu spät, zu weit weg …' oder etwas derartiges […]. Dann entfernte ich mich zögernden Schrittes im Regen. Ich benachrichtigte niemand." (ebd., S. 59)

Am Schluss des Romans bringt Clamence dieses Geschehen nochmals zur Sprache. Er resümiert:

> „O Mädchen, stürze dich nochmals ins Wasser, damit ich ein zweites Mal Gelegenheit habe, uns beide zu retten! Ein zweites Mal, ha! Welch ein Leichtsinn! Stellen Sie sich [...] vor, [...] man nähme uns beim Wort! Dann müssten wir ja springen! Brr, das Wasser ist so kalt! Aber keine Bange! Jetzt ist es zu spät, es wird immer zu spät sein. Zum Glück." (ebd., S. 121)

Gedanken zu Fragen der Zeit und darüber hinaus

Freiheit

Wenn die Welt und der Mensch nicht von einem Gott geschaffen sind und keinen vorgegebenen Sinn haben, so bedeutete das für die Existentialisten (und so auch für Camus), dass der Mensch ungebunden und frei sein müsse. Camus sagte dazu in einem Interview:

> „Nach zwanzig Jahren unserer bewegten Geschichte, während deren ich versuchte, keiner ihrer Erfahrungen auszuweichen, erscheint mir die Freiheit schließlich für die Gesellschaft wie für das Individuum, für die Arbeit wie für die Kultur, als das höchste Gut, ohne das kein anderes bestehen kann." (We, S. 223)

Anders als Sartre, der sich linken Bewegungen verbunden fühlte, hat Camus immer Distanz zu Ideologien irgendwelcher Art gehalten. Er hat formuliert:

> „Und wenn auch die Gegenwart immer noch blutig, die Zukunft immer noch düster ist, so wissen wir wenigstens, dass die Zeit der Ideologien vorbei ist und dass die Tugend des Widerstands und der Wert der Freiheit uns wie-

> der einen Grund zum Leben schenken." (ebd., S. 219)

Der Ruf nach Freiheit durchzieht das Lebenswerk von Camus. So erklärte er etwa in einem Interview zum Ungarn-Aufstand von 1956:

> „Schließlich glaube ich […], dass die Freiheit und die freie Gegenüberstellung der Verschiedenheiten die unerlässliche Bedingung intellektueller Schöpfung und historischer Gerechtigkeit bilden." (Soz, S. 211 f.)

Religion

Camus entstammte einer areligiösen Familie, und er bezeichnete sich selbst als ungläubig. Allerdings sah er die Christen als mögliche Verbündete, wenn es um das Eintreten für Humanität, Frieden und Gerechtigkeit ging.

1948 nahm er die Einladung zu einem Vortrag in einem Dominikanerkloster an und erklärte dort:

> „[…] ich, der ich Ihre Überzeugung nicht teile […,] möchte Ihnen heute sagen, dass die Welt ein echtes Zwiegespräch nötig hat […] und dass […] ein Zwiegespräch nur zwischen Menschen möglich ist, die das bleiben, was sie sind und die wahr sprechen. Mit anderen Wor-

> ten: die heutige Welt erwartet von den Christen, dass sie Christen bleiben.“ (Ungl., S. 66)

Er ergänzt: „Wenn jemand irgendetwas von Christen fordern darf, dann nur der Christ selber“ (ebd., S. 65). Dann stellt er einen grundsätzlichen Unterschied zwischen dem Christentum und sich heraus:

> „Das Christentum ist in bezug auf den Menschen pessimistisch, aber in bezug auf das Los der Menschheit optimistisch. Nun gut. Ich sage, dass ich in bezug auf das Los der Menschheit pessimistisch bin, aber optimistisch in bezug auf den Menschen.“ (ebd., S. 68)

Um nach dem Guten zu streben, muss man nicht Christ sein. Camus sagt:

> „Ich teile mit Ihnen das Grauen vor dem Bösen. Aber Ihre Hoffnung teile ich nicht und werde nie aufhören gegen diese Welt zu kämpfen, in der Kinder leiden und sterben.“ (ebd., S. 66)

„Wir befinden uns dem Bösen gegenüber“ (ebd., S. 69), erkennt er und sieht darin den gemeinsamen Gegner. Deshalb hält er es für notwendig, „dass wir uns […] auf das besinnen […], was uns verbindet, anstatt das zu suchen, was uns trennt“ (ebd.).

Nach dem Zweiten Weltkrieg hatte die Kommunistische Partei Frankreichs unter den Intellektuellen viele prominente Anhänger, so auch Jean-Paul Sartre. Camus kritisierte deren Haltung, mit der sie das Herrschaftssystem in der Sowjetunion und den kommunistisch geführten Staaten rechtfertigten und beschönigten. Er sprach von „Verblendung", „Unterwerfungssucht" oder „nihilistischer Bewunderung der Gewalt" (Soz, S. 208). Er stellte die Franco-Diktatur in Spanien und die Tyrannei in den kommunistischen Staaten auf eine Ebene und verurteilte beide sehr scharf.

Anlässlich des Ungarn-Aufstands von 1956 wünschte er sich, „der ungarische Aufstand möge fortdauern, bis der gegenrevolutionäre Staat überall im Osten unter dem Gewicht seiner Lügen und seiner Widersprüche zusammenbricht" (Kad, S. 200).

Den Sozialismus, den es ja auch außerhalb der kommunistischen Ideologie gab, lehnte er nicht grundsätzlich ab. Als Vorkämpfer und Garanten für soziale Gerechtigkeit sah er am ehesten die Gewerkschaften als geeignet an, bevorzugte also den Syndikalismus vor den Parteien. Über den Syndikalismus urteilt Camus:

> „Er gerade hat in einem Jahrhundert die Stellung des Arbeiters gewaltig verbessert vom Sechzehnstundentag bis zur Vierzigstundenwoche.“ (Rev, S. 388)

Im Gegensatz dazu steht die Politik ideologisch determinierter Parteien und Organisationen.

> „Die Herrschaft der Ideologie hat den Sozialismus zum Rückschritt gebracht und die meisten gewerkschaftlichen Errungenschaften zerstört.“ (ebd.)

Camus bekannte sich zur Demokratie und zum Rechtsstaat. Für ihn war ein Sozialismus nur in Freiheit möglich. Er schrieb:

> „[…] ohne Freiheit […] kein Sozialismus, es sei denn ein Sozialismus der Galgen.“ (Soz, S. 212)

Frauen

Obwohl seine Mutter Catherine Hélène sprach- und hörgeschädigt war und ein in sich gekehrtes Leben führte, war und blieb sie für Albert Camus die wichtigste Person in seinem Leben. In dem autobiografischen Roman „Der erste Mensch“ schreibt er über sie:

> „Sie hatte ein sanftes, ebenmäßiges Gesicht, das schön gewellte schwarze Haar der Spanierin, eine gerade kleine Nase, schöne, warmherzige braune Augen […]“ (Erst, S. 12)

Anlässlich der Annahme des Nobelpreises hob er ihre Bedeutung für sich ebenfalls hervor. Bis an sein Lebensende hat er sie finanziell unterstützt. Auf die Nachricht von seinem Tod meinte sie, dass er doch noch zu jung dafür gewesen sei. Sie selbst starb ein halbes Jahr später.

Eine gewichtige Rolle spielte auch Camus' Großmutter Catherine Marie Sintés, die für die Erziehung zu Hause zuständig war. Wenn Camus von ihr spricht, vergisst er nicht, den Ochsenziemer zu erwähnen.

In seinem weiteren Leben hat sich Camus vielen Frauen zugewandt. Er ging ständig neue Verhältnisse ein, blieb aber dabei immer zugleich distanziert und ohne stärkere Gefühlsregungen. Seine Biografin Iris Radisch schreibt dazu:

> „Alle Frauen in Camus' Leben, und es werden noch viele sein, werden dieselbe Erfahrung machen: Sosehr ihr Liebhaber den Menschen zum Maß aller Dinge erhebt – das Menschliche in seiner Nähe berührt ihn kaum.“ (Rad, S. 69f.)

Diese Unberührtheit lässt sich aus seiner Herkunft erklären, die freie Liebe zudem aus dem existentialistischen Weltbild. Wenn es keinen Gott, kein Weltethos, keinen vorbestimmten Lebenssinn und keine verbindliche Moral gibt, dann ist der Mensch auch in seinem sexuellen Tun frei und ungebunden. So hielten es auch Sartre und de Beauvoir, die wichtigsten Exponenten des Existentialismus. Viele Anhänger ihrer Philosophie versuchten zumindest, ihnen dabei nachzueifern.

Camus rigides Frauenbild tritt auch in seinen Romanen und Dramen zu Tage. Die Frauen, die darin vorkommen, sind alle nicht achtenswert, nur fürs Bett geeignet und auf Dauer langweilig. Im Drama „Das Missverständnis" sind sie zwar eigenständig tätig, aber intrigant und bösartig, und letztlich schaden sie sich selbst.

Eine Ausnahme bildet im Roman „Die Pest" die Mutter des Arztes Dr. Rieu. Hier heißt es: „So würden seine Mutter und er sich immer schweigend lieben" (Pest, S. 329). Doch geht es hier eben explizit um einen Sohn und seine Mutter.

Kunst und Künstler

Schon zu seinen Lebzeiten war Camus ein viel gelesener und einflussreicher Autor. Er sagte von sich selbst, dass er ohne die Kunst nicht leben könne (Nob, S. 224). In einer Welt, die keinen vorgegebenen Sinn hat und sogar absurd ist, bedeutet Kunst die Möglichkeit, das Dasein erträglich zu machen und ihm eine Zielrichtung zu geben. In einer Rede in der Universität Uppsala im Jahr 1957 formulierte Camus den entscheidenden Satz:

> „Der freie Künstler ist der Mensch, der mühselig seine Ordnung selber schafft." (Kü, S. 246)

Was also weder von Göttern noch von einer Vorherbestimmung vorgegeben ist, kann der künstlerische Mensch (der Schriftsteller, Maler, Regisseur usw.) zumindest teilweise aus eigener Kraft gestalten. Zum Inhalt der Kunst erklärte Camus:

> „Das Ziel der Kunst, das Ziel eines Lebens kann nur darin bestehen, die Summe von Freiheit und Verantwortung, die in jedem Menschen und in der Welt liegt, zu vergrößern." (We, S. 217 f.)

Er spricht sogar von „Berufung" (Nob, S. 226) und sieht einen doppelten Auftrag, nämlich „den Dienst an der Wahrheit und den Dienst an der Freiheit" (ebd.). Er vermerkt dazu:

> „Ohne Freiheit keine Kunst; die Kunst lebt nur von den Beschränkungen, die sie sich selbst auferlegt, an den anderen geht sie zugrunde." (Soz, S. 212)

Resümee

Camus gilt als einer der bedeutendsten französischen Schriftsteller und Philosophen des 20. Jahrhunderts. Das hat vor allem fünf Gründe.

Zum Ersten übte die These, dass das Leben ohne vorgegebenen Sinn ist, eine große Anziehungskraft vor allem auf junge Menschen aus. Die im Existentialismus vertretene Vorstellung, dass es keine strikten Vorgaben für das menschliche Verhalten und daher keine Sünde und keine Schuld gibt, entlastete zudem viele Menschen, die sich in den Wirren der Besetzung Frankreichs durch Nazideutschland der Situation angepasst und keinen Widerstand geleistet hatten.

Zweitens ergab sich aus der Sinnlosigkeit der menschlichen Existenz, dass der Mensch frei und eigenverantwortlich leben konnte. Für viele hieß dies auch Befreiung von überkommenen gesellschaftlichen Zwängen und der christlichen Sexualmoral: Masturbation, außerehelicher Geschlechtsverkehr oder Homosexualität waren hier Todsünden, die zum Teil auch vom Staat geahndet wurden.

Drittens: Die von Camus beschriebene Absurdität hatte etwas Faszinierendes. Mit ihr konnte man erklären, was einem zuwiderlief und was einem das Leben erschwerte. Die Absurdität rechtfertigte eigenwilliges Tun. Sie wirkte daneben geistig anregend und provokativ und wurde gerne auch in bürgerlichen Kreisen angenommen. Die absurden Romane und Dramen Camus' konnte man genussvoll im Sessel lesen und dabei vielleicht etwas Gänsehaut bekommen. Es war wie bei einem Kriminalroman. Wer ihn liest, gruselt sich vielleicht, wird aber nicht selbst kriminell.

Ein vierter Grund für den Erfolg Camus' als Autor war seine Toleranz. Er zeigte Probleme auf, war dabei aber nicht rechthaberisch und doktrinär. Camus forderte als Ungläubiger die Christen auf, Christen zu bleiben, und wollte unterschiedliche Denkrichtungen und Ideen miteinander ins Gespräch bringen, um nach gemeinsamen Erkenntnissen zu suchen. Das führte dazu, dass er unter Christen wie unter Humanisten und Liberalen viel Zustimmung gewann.

Als fünfter und letzter Grund für seinen Erfolg ist zu nennen, dass Camus seine philosophischen Gedanken in Form von Romanen, Theaterstücken oder lebendigen Erzählungen zum Ausdruck brachte und nicht in unverständlichen philosophischen Konstrukten. Dass „Der Fremde" es unter die bedeutendsten Werke der Weltliteratur gebracht hat, liegt daran, dass darin die Fremdheit und Teilnahmslosigkeit in einem konkreten menschlichen Lebensprozess und nicht in Form trockener wissenschaftlicher Thesen dargestellt ist.

Heute wird Camus vor allem als Humanist wahrgenommen.

Siglen, Quellen, Literatur

Cal = Camus: Caligula, Schauspiel in 4 Akten, in: ders., Sämtliche Dramen, 2. Aufl., Reinbek bei Hamburg 2018, S. 7–95

Camus, Catherine (Hg.): Albert Camus in Bildern und Dokumenten, 3. Aufl., Zürich 2016.

Erst = Camus: Der erste Mensch, Roman, 21. Aufl., Reinbek bei Hamburg 2019

Fall = Camus: Der Fall, Roman, 50. Aufl., Reinbek bei Hamburg 2019

FdZ = Camus: Fragen der Zeit, 9. Aufl., Reinbek bei Hamburg 2013

Fr = Camus: Der Fremde, Roman, 77. Aufl., Reinbek bei Hamburg 2019

Kad = Camus: Kadar hat seinen Tag der Angst erlebt, in: FdZ, S. 199–205

Kü = Camus: Der Künstler und seine Zeit, in: FdZ, S. 229–250

MdS = Camus, Abert: Der Mythos des Sisyphos, 25. Aufl., Reinbek bei Hamburg 2020

Miss = Camus: Das Missverständnis, Schauspiel in 3 Akten, in: ders., Sämtliche Dramen, 2. Aufl., Reinbek bei Hamburg 2018, S. 97–155

Nob = Camus, Nobelpreisrede, in: FdZ, S. 224–229

Pest = Camus: Die Pest, Roman, 90. Aufl., Reinbek bei Hamburg 2020

PhS = Camus: Der philosophische Selbstmord, in: MdS, S. 41–63

Rad = Iris Radisch: Camus. Das Ideal der Einfachheit. Eine Biographie, 3. Aufl., Reinbek bei Hamburg 2018

Rev = Camus: Der Mensch in der Revolte, Essays, 33. Aufl., Reinbek bei Hamburg 2020

Sis = Camus: Der Mythos des Sisyphos, in: MdS, S. 139–145

Soz = Camus: Der Sozialismus der Galgen, in: FdZ, S. 206–212

Sm = Camus: Das Absurde und der Selbstmord, in: MdS, S. 15–22

Tgb = Camus: Tagebuch März 1951 – Dezember 1959, Neuausgabe, 3. Aufl., Reinbek bei Hamburg 1993

Ungl = Camus: Der Ungläubige und die Christen, in: FdZ, S. 65–70

We = Camus: Die Wette unserer Generation, in: FdZ, S. 215–223